CORRESPONDANCE

D'UN

MAGISTRAT

SUR

L'ARISTOCRATIE, LE CLERGÉ ET LA PAIRIE.

PARIS.

IMPRIMERIE DE PIHAN DELAFOREST (MORINVAL),

RUE DES BONS-ENFANS, N°. 34.

1831.

CORRESPONDANCE

D'UN

MAGISTRAT

SUR

L'ARISTOCRATIE, LE CLERGÉ ET LA PAIRIE.

Mon cher ancien Confrère,

Dans votre dernière lettre, vous vous excusez d'avoir risqué quelques questions au sujet de la *loi de la pairie;* vous ne vous occupez, dites-vous, de politique, que parce que vous êtes *en vacances*, et en quelque sorte par oisiveté..... Il faut donc que je me hâte de vous répondre, car voici les vacances qui vont finir, et je craindrais, si ma lettre ne vous parvenait qu'après la rentrée des Tribunaux, que vous n'eussiez plus le loisir ou la volonté de prêter attention à ma réponse.

Vous ne vous expliquez pas, dites-vous, les préventions que l'on conserve encore contre l'aristocratie dans l'état où la révolution l'a réduite. Vous ne concevez pas surtout comment ces préventions ont pu pénétrer dans la Chambre des députés et réagir sur la pairie actuelle, qui n'est au fond qu'une création constitutionnelle. Enfin, vous paraissez craindre qu'en retranchant l'hérédité on ne rende impossible la constitution d'une nouvelle pairie.

Si, dans cette lettre-ci, je ne réponds pas à toutes vos questions, je veux du moins répondre à la première; et si vous en êtes satisfait, je vous dirai le reste une autre fois.

Oui, mon cher ancien confrère, il existe un sentiment réel et profond, un sentiment général au sein de la nation française, la haine de la noblesse féodale, de l'émigration liée aux invasions étrangères, et en général de toute aristocratie privilégiée. C'est le sentiment fixe de notre révolution; c'est au fond *la révolution elle même, tout entière.*

La révolution française n'a pas été dirigée contre le pouvoir royal. Toute notre histoire est là pour attester l'amour vrai des Français pour leur roi, amour fondé sur leur intérêt réciproque long temps identique, et qui persévérait encore, même après qu'on eut réussi à les séparer. C'était une vieille liaison qui continuait sur d'anciens souvenirs.

Les rois ne s'étaient mis décidément du côté de l'aristocratie qu'après l'avoir abattue. J'entends abattue *politiquement;* car elle avait, du reste, conservé précisément ce qui servait à la rendre odieuse au peuple : des droits féodaux, vexatoires et usurpés, l'insolence et l'orgueil, *plus remarquables encore chez les hobereaux que dans la haute noblesse*, mais, par-là même aussi, plus odieux aux masses au milieu desquelles ils exerçaient leurs droits de corvée, de chasse et de colombier.

Le mépris se joignit aussi à la haine, quand on vit la noblesse séparée de son prestige antique, n'ayant conservé que la partie vaniteuse de ses droits : des titres qui ne répondaient plus à rien de réel, prodigués, vendus, usurpés, au point qu'il était passé en proverbe qu'*en France est marquis qui veut.*

C'est même parce que les nobles étaient tombés dans cet état d'humiliation sous les efforts lents mais continus du Roi et de son parlement, qu'aux approches de la révolution de 1789, ils se sont associés à l'opposition contre la Cour, s'imaginant ne prendre que leur revanche contre le pouvoir royal qui les avait si fort maltraités. Et c'est seulement quand ils ont vu que cette révolution se rabattait contre leurs priviléges, qu'ils ont voulu persuader au Roi *que leur cause était la sienne propre.* De ce moment, ils ont cherché tant qu'ils l'ont pu à se faire un rempart de ce trône qu'eux-mêmes avaient contribué à ébranler; et après l'avoir compromis par cette funeste solidarité, ils l'ont déserté, car l'émigration ne fut, il faut le dire, qu'une lâche désertion commise envers la personne du Roi et sa couronne, avant même de devenir une trahison contre la patrie.

Dès l'instant même où elle a existé, l'émigration a opéré une scission profonde entre ses doctrines et celles de la révolution, et par suite une séparation irréconciliable entre les partisans de l'une et de l'autre. Les sectateurs de l'émigration ont été *en dehors de la nation*, qui les a mis elle-même *en dehors de la loi*; de ce moment les intérêts et les affaires de France ont été sans eux, et l'on a dû opérer contre eux puisqu'ils s'étaient ligués avec nos ennemis, et que dans leurs rangs, à l. ur tête (au moins dans le conseil), on voyait les princes qui, pour eux et avec eux, avaient quitté leur frère, leur pays et leur roi.

Il n'est pas inutile non plus de remarquer en quoi le clergé fit cause commune avec l'émigration. Si les prêtres avaient été fidèles au précepte de Jésus-Christ : *Mon royaume n'est pas de ce monde*, aucune révolution n'eût pu les atteindre, et, toujours la même au milieu des ruines, la religion n'eût eu que des consolations et des secours spirituels à offrir aux malheureux et aux criminels de tous les partis!.... Mais l'Eglise était devenue privilégiée; il y avait des prêtres nobles, des évêques seigneurs, quelques-uns même grands seigneurs; ils étaient logés dans *les fiefs*, tous levaient la dîme et des droits seigneuriaux : impossible par conséquent de réformer les abus sans atteindre les prêtres aussi bien que les nobles. Leur point de contact était *le privilége et la féodalité*.

Sans doute, comme je l'ai déjà dit, la religion était bien en dehors de tout cela ; mais de même que les nobles se sont retranchés derrière la royauté, les prêtres ont essayé de se retrancher derrière la religion et de la faire servir à protéger leurs vues ambitieuses. Qu'en est-il résulté ? que la religion et la royauté en ont également souffert; leur culte a été violemment interrompu; le type seul en est resté dans le souvenir des peuples.

La révolution s'est élevée sur ces ruines ; et dans les principes qu'elle a défendus avec énergie, avec persévérance, et sans déviation, son but permanent a été d'établir un système *de droit commun*, *l'égalité pour tous devant la loi. Plus de priviléges ni de privilégiés !* telle a été sa devise ; et, par suite, haine à tout ce qui les rappellerait ; défiance extrême de tout ce qui y ressemblerait ; appréhension vive de les voir revenir. En un mot, ce que la révolution avait détruit, elle voulait l'avoir détruit pour toujours. C'était là tout l'instinct de sa conservation.

Cependant il a fallu, pour protéger la révolution elle-même et ses intérêts, une forme de gouvernement. L'émigration avait amené la guerre; la guerre civile en même temps que la guerre étrangère. Le courage héroïque de nos soldats avait suffi contre l'ennemi du dehors; toutes les mauvaises passions firent la guerre du dedans : elles voulurent se satisfaire par le meurtre et la spoliation.

L'anarchie qui en fut la suite n'avait produit que dégoût, et la lassitude avait plus d'une fois failli d'amener une réaction. Toutefois, qu'on ne s'y méprenne point : la masse de la nation s'écartait, *non pas de la révolution, mais seulement des hommes qui l'avaient souillée par leurs excès*, et qui, bons pour détruire, mais inhabiles à gouverner, avaient menacé toutes les existences, et compromis tous les intérêts.

Napoléon, général et victorieux, représentait la révolution; il s'était battu pour elle, il pouvait la défendre encore; tout l'appelait, tout le portait au pouvoir.

On avait soif de bon ordre; il le rétablit. Ce besoin devenu général favorisa tout ce qu'il entreprit dans cette vue. Les républicains furent bientôt mis hors de la question; les anciens royalistes de même. La nation en masse resta avec lui.

Le sentiment religieux n'était pas éteint; il vivait au fond des cœurs. Le culte se ranimait de fait; il le reconstitua de droit. On put redire de son concordat ce qu'on avait dit autrefois de celui de François Ier: « Que » le roi et le pape s'étaient donné réciproquement ce qui » ne leur appartenait pas quant à la nomination et à » l'institution des évêques. » Toujours est-il que cet arrangement servit puissamment sa politique. Il en finissait avec l'ancien clergé, le clergé émigré; il en recréait un nouveau qui ne fit nulle difficulté de lui prêter serment.

Le concordat était accompagné d'une loi organique qui fixait le régime intérieur du clergé, et qui avait pour objet de le contenir dans les liens de la discipline temporelle. Enfin, un peu plus tard, quand il en vint à se faire sacrer empereur par le pape, il ne négligea pas de faire croire qu'à côté du vœu national se trouvait aussi *un peu du droit divin*.....

Par toute cette conduite, il faut le reconnaître, le clergé de l'empire fut fort soumis à l'empereur, il lui fut même dévoué ; non seulement il ne fit pas difficulté de chanter le *Domine salvum fac imperatorem ;* mais dans un catéchisme adopté par tous les diocèses, on mettait au rang des articles de foi, *d'aimer Napoléon à peine de damnation éternelle.* En un mot, le clergé de l'empire en fit assez pour exciter au plus haut degré, après la restauration, la rancune du clergé émigré.

Napoléon fut-il aussi politique, aussi habile, en rappelant les émigrés? Oui, si l'on fait attention au principal motif de sa détermination.

1° Il considéra moins la personne des émigrés que leurs familles restées en France;

2° Il les rappela, non comme *nobles*, mais comme *proscrits*;

3° Leurs malheurs avaient assez duré; et cela est si vrai, que malgré la haine toujours subsistante contre les maximes de l'émigration, on vit généralement avec intérêt leur sort s'adoucir;

4° Avec le temps, ils trouvèrent égards et accueil au sein de la population, ceux-là du moins qui parurent rentrer de bonne grâce au milieu d'elle; et elle ne reprit contre eux ses préventions que lorsqu'ils manifestèrent des regrets, ou menacèrent de vouloir reprendre quelque chose de leurs anciennes prétentions.

Bientôt, Napoléon ne se contenta plus d'être le premier magistrat de la nation. L'ancien régime était à bas; le nouveau comptait déjà assez de nouvelles existences pour désirer d'assurer leur maintien. Ceux qui avaient couru la chance du héros, s'effrayaient de voir leurs intérêts en *viager sur sa tête.* Il se fit, ou on le fit empereur, avec droit *d'hérédité* dans sa famille.

Pour ce grand œuvre, les anciens privilégiés s'étaient trouvés d'accord avec ce qu'on pourrait appeler la nouvelle aristocratie, c'est-à-dire les supériorités sorties du sein de la révolution.

Cette forme monarchique tuait les espérances de l'ancienne dynastie; mais elle ranimait l'espoir personnel des anciens privilégiés : c'est tout ce qu'il leur fallait; car pour eux (et les rois à la fin devraient en être bien convaincus) peu leur importe *qui règne,* pourvu qu'ils croient qu'on va *régner pour eux.*

Alors ils poussèrent aux *conséquences* et aux développemens de l'institution monarchique, et, à quelques nuances près, la France revit cet ancien régime qu'elle croyait pourtant avoir détruit sans retour. On vit :

Un empereur, — au lieu d'un roi;

Le sacre par un pape, — au lieu d'un archevêque;

Le manteau semé d'abeilles, — au lieu de fleurs de lis;

Des maréchaux, — faisant l'office des anciens pairs;

Des chambellans, — au lieu des gentilshommes de la chambre;

Une livrée verte, — au lieu d'une bleue;

Des ducs, des comtes, des barons, — et du blason comme autrefois;

Des majorats héréditaires, — au lieu des anciens fiefs (1).

Une clause sembla suffire pour rassurer la France de la révolution, en disant que les terres titrées n'auraient point de prééminence sur les autres glèbes, et que les titulaires n'auraient pas, à raison de leurs titres, de supériorité personnelle sur leurs concitoyens. Il semblait dès lors qu'il n'y avait rien en cela de contre-révolutionnaire; mais, de fait, c'était la résurrection d'une noblesse, non pas seulement nominale, mais territoriale, et en possession par les places de tous les pouvoirs de l'Etat.

Ainsi, autant qu'il dépendit de Napoléon, il rappela toutes les *formes de l'ancien régime*. Et cependant la nation ne s'insurgea point! Pourquoi? C'est d'abord parce qu'il était fort et très fort, et que beaucoup de mécontens n'osent le paraître qu'avec les faibles. Ensuite, c'est qu'au fond, ce n'était point la contre-révolution ni l'ancien régime : ce n'était point Coblentz ni l'émigration. Loin de-là, c'étaient tous les hommes de la révolution, et avec eux tous ses intérêts. S'il y avait du danger dans l'institution, il n'était pas actuel, il n'était pas imminent; il n'était que dans un lointain inaperçu par les masses.

Du reste, remarquons-le bien, Napoléon n'avait pas

---

(1) Ils en portèrent même effrontément le nom dans les pays de conquête (témoins les *fiefs* de Guastalla et de Piombino); et ces majorats se rapprochaient plus en réalité, par leur constitution et leurs priviléges, des fiefs tels qu'ils étaient dans l'origine, que de ceux que la révolution avait détruits, et qui depuis plus de deux siècles n'étaient plus que la dégénération des anciens.

décrété qu'il y aurait une aristocratie; il avait commencé par la voir se former sous sa discipline et à côté de lui. Dans les combats, dans l'administration, dans toutes les parties du service public, du commerce et de l'industrie, son scrupule, son attention, son habileté à saisir, ou son bonheur à rencontrer toutes les supériorités dans chaque genre, l'avaient entouré, de fait, de toutes les forces vitales de la nation.

Les médiocrités n'osaient murmurer; et quiconque avait une capacité réelle, loin de voir cet ordre de choses avec envie, n'y apercevait qu'un point de mire et d'émulation. Voilà, se disait-on, voilà où nous pouvons arriver à présent! Autrefois cela nous eût été impossible; c'est donc encore, c'est donc toujours la *révolution*, mais la révolution, riche, brodée, triomphante et annoblie!....

Les anciens privilégiés crurent tellement à la force et à la durée de ce nouvel ordre de choses, qu'ils briguèrent l'honneur d'y entrer; et, en les admettant, Napoléon eut au moins cette politique, de les admettre, non pas à *titre ancien*, à titre légitime; mais à *titre nouveau conféré par lui-même* (1); ce qui, dans sa pensée, et en apparence au moins, était les enlever à leur caste en les attachant au char de l'empire.

Ainsi, de deux choses l'une : 1° ou les anciens nobles acceptaient le nouveau régime (et le nombre en fut grand, surtout pour les emplois civils), et alors c'était autant d'enlevé aux vieux fermens de l'ancien régime; 2° ou ils restaient obstinément dans leurs antiques prétentions (rien oublié, rien appris); mais, audit cas, ils n'osaient pas s'en prévaloir ouvertement; ils étaient obligés de les enfouir au fond de leurs hôtels ou de leurs châteaux; et dans leur ridicule, leur dépit ou leur humiliation, le peuple français voyait encore la prédominance de la révolution.

Si Napoléon a péri, on ne peut pas dire que ce fût parce qu'il avait organisé une aristocratie nouvelle, recrutée de quelques miquelets empruntés à l'ancienne; rétabli le culte catholique et créé un nouveau clergé

---

(1) Aussi plus d'un ancien comte, institué par Napoléon au même titre, reçut de l'ancienne noblesse le titre de *contrefait* (comte refait).

priant pour sa dynastie, et pour le succès de ses armes!.... Remarquons toutefois que ces institutions furent plutôt un moyen d'ordre qu'un moyen de puissance; elles facilitèrent au dedans l'action de son gouvernement tant qu'il fut heureux; mais elles ne le soutinrent pas dans ses revers, soit parce qu'elles n'avaient pas assez duré, soit parce que l'égoïsme qui distingue pardessus tout les aristocraties, leur fit entrevoir, sans trop d'effroi, un changement de gouvernement dont ces nouveaux privilégiés ne désespéraient pas de tirer parti; et aussi parce que, fidèles à leur instinct, les anciens nobles, mêlés aux nouveaux, entraînèrent ceux-ci.

Je ne parle pas des trahisons, des défections particulières; mais je parle du sénat, composé en entier de fortunes nouvelles; du sénat qui, dans le naufrage de l'empire, prononça lui-même la déchéance de l'empereur, et qui crut avoir tout sauvé, comme Enée emportant ses dieux domestiques, en stipulant la conservation de ses titres et de ses pensions.

Qu'arriva-t-il au jour de la restauration? Et c'est ici, mon cher confrère, que j'appelle toute votre attention.

Une première réflexion surgit: certes les rois ont eu grand tort de détrôner Napoléon! Il s'était fait un des leurs (1)! lui seul avait rendu à la royauté sa grandeur et rappelé ses prestiges; lui, plus que tout autre, avait réconcilié le peuple avec cette institution!

Je le demande:

1° Si Napoléon n'avait pas préalablement rétabli la monarchie avec tout l'éclat de la gloire impériale, eût-il été aussi facile, eût-il été possible même de rétablir en France la royauté? Un roi bourbon eût-il pu, sans un intermédiaire qui eût familiarisé la nation avec l'aspect d'un trône, remonter d'emblée sur celui que la mort sanglante de Louis XVI avait laissé vacant?

2° Si Napoléon n'avait pas recréé une noblesse nouvelle, eût-on pu, en 1814, rétablir l'ancienne après vingt-cinq ans de totale interruption? Toutes les supériorités sorties du sein de la révolution, auraient-elles accepté la résurrection, humiliante pour toutes, d'une noblesse oblitérée, se traînant à la suite de l'étranger,

---

(1) *Ecce Adam, factus est unus ex nobis!*

et qui serait venue s'implanter au-dessus d'elles, comme au-dessus de tout le reste de la nation?

3° En un mot, l'ancien régime émigré aurait-il pu rentrer seul, isolé, avec la cocarde blanche, et ses titres abolis, au milieu d'une nation compacte, qui n'aurait pas pu le perdre un instant de vue, si Napoléon ne lui avait préparé toutes les issues par lesquelles il lui est devenu possible de s'infiltrer et de prendre position au milieu du pays, en se confondant avec des hommes à l'élévation desquels le pays avait applaudi?

Non, certes, et en admettant que la nation, fatiguée de la guerre et redoutant des déchiremens intérieurs, eût accepté le retour de la dynastie déchue, elle eût pu crier *vive le roi;* mais assurément elle eût continué de crier: *à bas l'aristocratie!*

Pourquoi? parce que les griefs contre cette aristocratie seraient restés *sans mélange*, les mêmes qu'au jour de la révolution. C'eût été uniquement l'ancienne noblesse, c'eût été uniquement l'émigration; tout cela ensemble, d'un même côté; de l'autre, fût restée la nation entière, non pas dans ses prolétaires seulement, non pas dans ses membres en général les moins riches, les moins honorés, les moins considérables; mais la nation avec tous ses chefs militaires et civils, ses administrateurs, ses savans, et tout ce qui, pendant vingt-cinq ans, avait fait sa force et sa gloire!

Tous ensemble et sans division, se trouvant relégués dans la cause de la révolution, comprimés par l'étranger, en présence de l'ancien régime revenant comme un bagage à la suite des armées ennemies, celui-ci n'eût jamais tenté de faire prévaloir ses doctrines: il l'eût osé, qu'au premier essai il eût ressenti l'opposition de tous, et perdu toute espérance comme toute chance de succès!...

Mais le sénat, par son compromis, avait tout rendu facile. Au milieu des articles constitutionnels pour lesquels il s'était contenté d'une promesse vague, un seul avait réellement le caractère d'une *stipulation obligatoire*. C'est celui-ci: « Nous tous sénateurs, nous garde» rons nos *titres et nos traitemens* (36,000 fr. par an). » Aussi lit-on dans la Charte: « La nouvelle noblesse » conservera ses titres; l'ancienne *reprendra* les siens. »

Cette dernière disposition en faveur des anciens nobles devenait inattaquable, et cela même en haine de la fatuité des nouveaux. En effet, se disait-on de par le monde, si M.... est duc de B......, si S..... est duc de R....., si F..... est duc aussi; si sous les Bourbons légitimes, tant de républicains, titrés sous l'empire, sont *les cousins* de Louis XVIII, pourquoi les Montmorency, les Choiseul et les Larochefoucault ne reprendraient-ils pas leur ancienne position?

Et les nouveaux nobles eux-mêmes, bien loin d'avoir, en 1814, renouvelé l'exemple, qui pourtant aurait dû moins leur coûter, d'un sacrifice semblable à celui qu'avait fait l'ancienne noblesse dans la mémorable nuit du 4 août 1789, les nouveaux nobles, dis-je, furent enchantés de cette promulgation simultanée des titres nouveaux avec les anciens. Oublieux de la gloire de leur fondateur, ils se sont crus *un peu plus nobles*, parce qu'ils étaient mis sur la même ligne que leurs devanciers en armoiries; placés dans le même article, il semblait qu'ils eussent reçu le baptême en même temps, et que c'était *tout un*. Ils ne savaient pas qu'en fait de gentilhommerie le vieux l'emporte sur le neuf, et que dans ce rapprochement il n'y avait que du désavantage pour eux.

Quoi qu'il en soit, ils sont entrés dans la restauration, et pendant que les uns étaient persécutés, proscrits ou mis à mort, on vit les autres se pavaner aux Tuileries! Quelques mystifications aux femmes n'ont pas désenchanté les maris; ils se sont crus gens de cour; et comme le dit de lui-même et de ses *nobles* amis le marquis de Montcade dans *l'Ecole des Bourgeois*, ils s'y sont aussi regardés *comme les naturels du pays*.

Mais le vrai pays, mais la France, témoin de leurs actes, de leurs discours, de leurs salamalêques, de leurs défections, de leur petitesse enfin (1), n'a pas tardé à voir sa haine pour l'ancienne noblesse renforcée de tout le mépris qu'elle ressentait pour certains parvenus.

Elle a reconnu dans la *couardise* de ceux ci, la première cause de sa faiblesse: que pouvait en effet, pour ses libertés, une nation surprise à l'improviste, qui s'était vue tout-à-coup séparée de tous ses chefs, de tous ceux qui pendant vingt ou trente ans avaient dirigé ses

---

(1) L'un d'eux, et des plus élevés en dignités, n'est-il pas mort de chagrin de n'avoir pas pu être nommé gentilhomme de la chambre du roi?

efforts vers la liberté, et qui, par leur défection soudaine, simultanée, par leur fusion sans réserve au profit d'un régime hostile à ces mêmes libertés, laissèrent le troupeau national sans pasteur, sans guide et sans gardiens?

Tout cela, il faut en convenir, n'était pas propre à réconcilier l'opinion publique avec l'aristocratie; et l'on disait hautement *que le meilleur n'en valait rien.*

C'est alors qu'a commencé cet appel à une génération meilleure et moins corrompue, et que l'aversion pour beaucoup d'anciennes célébrités proclamées infidèles, est devenue, pour les plus jeunes, le principe d'une candidature anticipée.

Voilà, en général, les causes de l'antipathie de notre nation pour toutes les aristocraties; c'est un sentiment ancien, réfléchi, permanent, appuyé sur la triste épreuve qu'elle en avait faite dans tous les temps et sous tous les régimes.

En tout ceci, si nous revenons à la Chambre des pairs, on verra qu'une première source de prévention contre elle, fut dans la prétention de Louis XVIII, de renouer par elle la chaîne des temps modernes à celle des temps anciens; et l'on ne douta guère du projet qu'il avait de rendre, s'il se pouvait, la prédominance à ceux-ci, par le choix des personnes, lorsqu'on y vit entrer des prélats, les anciens chefs de l'émigration, et parmi les notabilités nouvelles, celles-là d'abord qui avaient été le plus au-devant de la légitimité, avec quelques-uns seulement (et comme pour échantillon) de ceux que l'éminence de leurs titres et de leurs services ne permettait pas d'exclure, sous peine de déconsidérer tout-à-fait l'institution.

Vinrent ensuite ce qu'on a nommé les *fournées de pairs*; l'une qui eut pour but de soustraire la pairie à cette influence trop prononcée de l'émigration; l'autre, de rendre à cette influence toute sa prépondérance; mais toutes deux ayant forcé la prérogative et affaibli l'institution!

En considérant, toutefois, les actes de la pairie, on ne peut pas dire qu'elle ait tout à fait manqué à sa vocation : au contraire, on doit reconnaître qu'elle a résisté plusieurs fois, dans des circonstances importantes, ce que n'avait jamais fait le sénat soi-disant *conservateur.* Mais deux faits graves ont contribué principalement à animer la nation contre la pairie.

1° Le jugement du maréchal Ney, condamné sur la demande de l'étranger, sans que sa défense ait été libre, et au mépris d'une capitulation jurée les armes à la main; d'une capitulation qui protégeait à la fois nos citoyens et nos monumens; qui, violée sur le premier point, put l'être ensuite facilement sur l'autre, tandis que si elle eût été respectée par le premier Tribunal du royaume, elle eût rendu impossible toute violation ultérieure de ses stipulations; elle eût prévenu toutes les réactions sanglantes qui, pendant plus de dix ans, ont promené le deuil et la désolation dans le pays!....

2° L'indemnité du milliard, votée par une majorité dont la plupart des membres étaient sordidement intéressés à y prendre part, et qui, même après le partage de ces dépouilles *payées par la rente, et qui ne l'eussent jamais été par l'impôt*, ont encore conservé, au sein de leur opulence reconquise, les PENSIONS accordées à leur détresse apparente ou présumée.

Vainement parmi les anciens se sont élevées des voix pudiques comme celle du duc de Choiseul, qui, chaque année, réclamait contre tant d'humiliation et de vénalité; vainement parmi les nouveaux l'opposition conservait de généreux organes; de nouvelles promotions quelquefois en masse, rendaient bientôt la majorité aux intérêts anti-nationaux.

Voilà, dans toute sa sévérité, mais aussi dans toute sa vérité, la cause des préventions de la France contre la pairie de la restauration. La nation *se rappelle plus ce que la pairie a été, que ce qui en reste;* elle craint qu'à la longue elle ne redevienne ce qu'elle a déjà été : c'est du moins ce qu'on a pu lui persuader aisément.

En effet, on lui présente la pairie non pas comme un corps composé des principaux citoyens, les plus capables ou les plus riches, les plus intéressés au maintien de l'ordre et de l'état social, les plus intelligens des intérêts nationaux; on lui présente surtout la pairie comme un *corps nobiliaire*, un corps dont les élémens sympathisent avec l'ancienne aristocratie; non pas comme une réunion de fonctionnaires habiles et exercés dans toutes les parties des services publics, mais comme un divan composé de ducs, de marquis, de barons, de vicomtes, de *seigneuries* enfin (car ils ont eu la fantaisie de se qualifier ainsi); prêts à reprendre, empressés à ressaisir toutes les bribes de l'ancien régime; peu disposés du moins à accueillir les améliorations en faveur des masses, et faciles à sacrifier les intérêts de la révolution à leur élévation particulière et à celle de leurs enfans, qui s'échelonnent derrière eux dans la hiérarchie des titres, des sinécures et des bons emplois. Voilà à quoi leur a servi et la couleur que leur donne, aux yeux d'un peuple accoutumé à juger sur les apparences, cette adjonction de titres surannés, long-temps proscrits, dénués de signification propre et de valeur intrinsèque, au titre vrai et qui devait leur suffire de *pairs de France*, c'est-à-dire d'hommes revêtus d'une dignité réelle, *la même pour tous* ceux qui en sont investis, et qui se trouve dotée des plus belles prérogatives et des plus éminentes fonctions!

Alors, se dit-on, n'est-ce point assez de voir de pareilles choses *à vie* sans encore les rendre *héréditaires* de mâle en mâle par ordre de primogéniture?.... Et ici l'on n'écoute plus que la logique vive et passionnée des préventions et de l'antipathie.

Voilà, mon cher ancien confrère, le sentiment vrai, le sentiment qu'on peut bien appeler *national*, car il est généralement partagé.

Maintenant, ce *sentiment vrai* a-t-il produit une *opinion fausse* sur l'hérédité de la pairie? L'abus dont on se montre le plus affecté a-t-il égaré le jugement qu'on a porté sur la chose même? Ceux qui le pensaient ainsi ont essayé de le démontrer; pour moi, je vous le déclare, après y avoir long-temps et mûrement réfléchi, libre de tout engagement antérieur, ne cherchant que le vrai et croyant avoir agi pour le mieux dans le sens et dans l'intérêt du pays, je me suis affermi de plus en plus dans mon opinion *contre l'hérédité*. Sous peu, je vous en dirai les raisons.

Votre bien affectionné,

*****

Paris, ce 17 octobre 1831.

www.ingramcontent.com/pod-product-compliance
Ingram Content Group UK Ltd.
Pitfield, Milton Keynes, MK11 3LW, UK
UKHW021041200726
13857UKWH00005B/1861

9 782012 484948